Analiza książki

AF156563

Percewal

• • • • • • • • • • • • • •

CHRÉTIEN DE TROYES

ANALIZA KSIĄŻKI

Napisany przez Flore Beaugendre
Przetłumaczony przez Kâmil Kowalski

Percewal

● ●

CHRÉTIEN DE TROYES

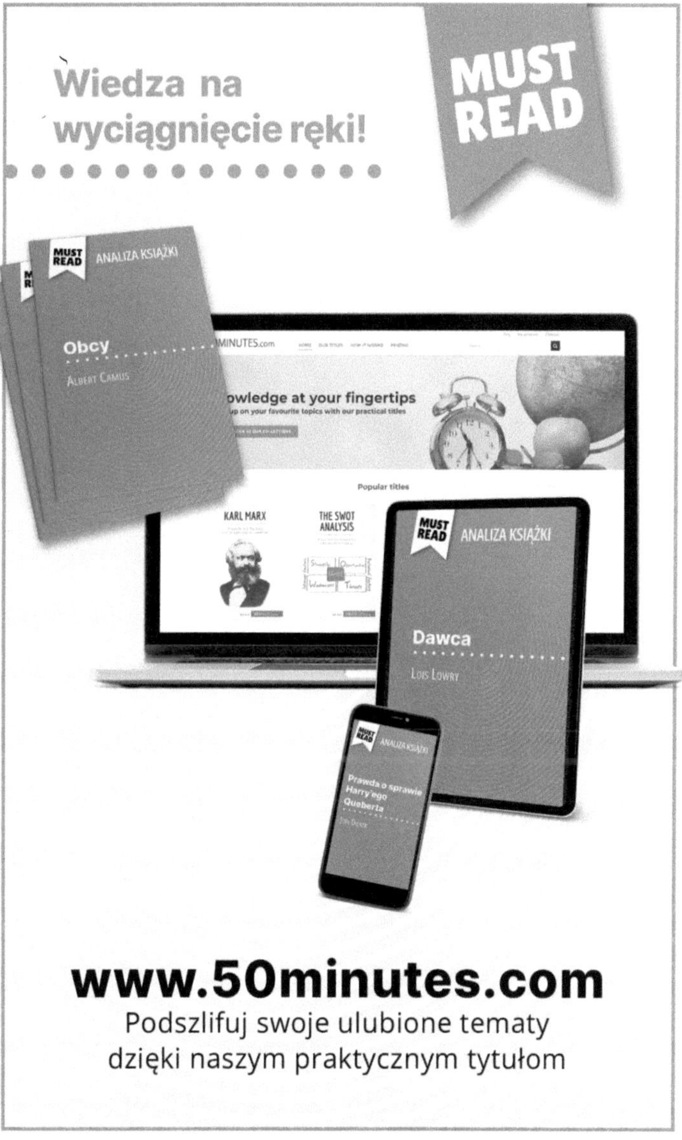
Wiedza na
wyciągnięcie ręki!
MUST READ
MUST READ
ANALIZA KSIĄŻKI
Obcy
Albert Camus
Popular titles
KARL MARX
THE SWOT ANALYSIS
MUST READ
ANALIZA KSIĄŻKI
Dawca
Lois Lowry
ANALIZA KSIĄŻKI
Prawda o sprawie Harry'ego Queberta
www.50minutes.com
Podszlifuj swoje ulubione tematy
dzięki naszym praktycznym tytułom

CHRÉTIEN DE TROYES

FRANCUSKI POETA

- **Urodził się około 1135 roku.**

- **Zmarł około 1183 roku.**

- **Godne uwagi prace**:

  - *Erec i Enide* (ok. 1170), powieść

  - *Yvain, Rycerz Lwa* (ok. 1177), powieść

  - *Lancelot, czyli rycerz z wozu* (ok. 1177-1181), powieść

Chrétien de Troyes urodził się około 1135 roku, a zmarł około 1183 roku. Jego nazwisko sugeruje, że pochodził z miasta Troyes. Wiemy o nim bardzo niewiele, poza niewielką ilością informacji, które można uzyskać z jego pism. Możemy na przykład przypuszczać, że był on urzędnikiem i stałym gościem na dworze Szampanii, a następnie na dworze Filipa z Alzacji, hrabiego Flandrii (1143-1191).

Chrétien de Troyes to kluczowa postać literatury średnio-wiecznej, uważany jest za pierwszego znanego autora roman-sów rycerskich. Napisał siedem książek w tym gatunku, z których sześć rozgrywa się w epoce arturiańskiej. Swoje naj-słynniejsze powieści, *Yvain, Rycerz Lwa* i *Percewal, czyli Opowieść o Graalu*, napisał pod koniec życia.

PERCEWAL

JEDEN Z NAJLEPSZYCH PRZYKŁADÓW POWIEŚCI DWORSKIEJ

- **Gatunek:** powieść

- **Wydanie referencyjne:** De Troyes, C. (2011) *Perceval, or, The Story of the Grail.* Trans. Cline, R.H. Athens, Georgia: University of Georgia Press.

- Pierwsze wydanie: XII w.

- **Tematyka: dojrzewanie**, rycerstwo, wyczyny, Okrągły Stół

Percewal, czyli opowieść o Graalu powstał prawdopodobnie około 1181 roku i pozostał niedokończony, gdy jego autor zmarł. Dedykowana jest patronowi Chrétiena de Troyes, Filipowi z Alzacji, hrabiemu Flandrii. Powieść opowiada o Percewalu, młodym człowieku, który zaczyna od naiwności i ignorancji, a następnie staje się szanowanym rycerzem. Autor na przemian przedstawia jego przygody i przygody Gawaina.

Ponieważ dzieło pozostało niedokończone, inni autorzy chcieli napisać kontynuacje przygód Percewala i Gawaina. Wielu późniejszych pisarzy podjęło tę historię i wprowadziło do niej różne dodatki. Dzięki *Percewal, czyli opowieść o Graalu,* Chrétien był odpowiedzialny za rozprzestrzenianie się legendy arturiańskiej i Matter Brytanii.

STRESZCZENIE

POWIEŚĆ CHRÉTIENA DE TROYES

Przygody Percewala

Chrétien dedykuje swoją książkę swojemu patronowi, Filipowi z Alzacji, hrabiemu Flandrii, którego wychwala.

Po pierwszym spotkaniu z kilkoma rycerzami, Percewal postanawia udać się do króla Artura, aby zostać zdubbingowanym. Matka daje mu trzy rady: służyć damom, szukać towarzystwa panów i modlić się. Następnie załamuje się jak martwa.

Po drodze młodzieniec z Walii natyka się na śpiącą w namiocie dziewczynę. Całuje ją i kradnie jej pierścionek. Dziewczyna jest w głębokiej rozpaczy, gdyż jej kochanek może się na nią rozgniewać.

Percewal przybywa na dwór króla Artura i prosi go o dubbing, ale król odkłada to na później. Młody człowiek wyrusza następnie, by zażądać ubrania Czerwonego Rycerza, wroga króla, i udaje mu się zabrać jego zbroję.

Młodzieniec spotyka szlachcica Gornemanta z Gohort, który czyni go rycerzem. Gornemant zapoznaje go ze swoją rangą i udziela mu cennych rad, m.in. aby nie mówił za dużo: "Mądre powiedzenie zawsze brzmiało: ,Zbyt wiele mówienia jest grzechem'" (s. 48).

Percewal przybywa do zamku Belrepeire, domu Blancheflor, który jest oblegany przez króla Clamadeu. Młodzieniec proponuje, że w zamian za miłość pięknej damy weźmie na cel seneszala i samego króla. Wychodzi z niej zwycięsko.

Percewal wyrusza, by ponownie odnaleźć matkę. Otrzymuje jedzenie i schronienie od Rybackiego Króla, który ofiarowuje mu niezwykły miecz. Jest świadkiem tajemniczej ceremonii przejścia graala i włóczni, która krwawi. Podąża za radą Gornemanta i nie zadaje żadnych pytań. Jego gospodarz, dotknięty tajemniczą chorobą, odchodzi na emeryturę. Następnego dnia zamek jest opuszczony.

Odchodząc, Percewal spotyka młodą kobietę, która płacze po swoim kochanku, rycerzu. Opowiada mu historię o Rybackim Królu i wypomina mu, że nie zapytał gospodarza o procesję z Graalem. Mówi, że jest jego kuzynką i informuje go, że jego matka zmarła.

Percewal nie ma nic do roboty, więc znów wyrusza w drogę. Natrafia na pannę, którą obraził w dniu wyjazdu. Jest ona skazana na życie w nędzy przez swojego zazdrosnego kochanka, Dumnego Rycerza Maurów. Percewal stawia czoła Dumnemu Rycerzowi i uwalnia młodą kobietę z jego szponów.

Król Artur wyrusza na poszukiwanie Percewala. Młodzieniec, kontemplujący krople krwi na śniegu, walczy z wzywającymi go rycerzami, ale zgadza się pójść za Gawainem. Na dworze bardzo brzydka panna wypomina mu, że nie odezwał się w zamku Fisher Kinga, bo pytanie o Graala mogłoby uzdrowić króla, który padł ofiarą klątwy. Następnie przybywa Guinganbresil, oskarża Gawaina o zabicie ojca i żąda, aby odpowiedział za swoją zbrodnię przed królem Escavalonu.

Gawain

Gawain udaje się na spotkanie z królem Escavalonu. Po drodze bierze udział w turnieju, w którym musi bronić swojego honoru, następnie zostaje nieświadomie przygarnięty przez swojego wroga, samego króla. Zakochuje się w siostrze króla. Otrzymuje dodatkowy rok, aby odpowiedzieć za swoje czyny i wypełnić misję: sprowadzić z powrotem krwawiącą lancę.

Krótki powrót do Percewal

Percewal poświęcił pięć lat na wyróżnienie się, ale porzucił religię. Udaje się na spowiedź do pustelnika, który udziela mu rady i wyjawia, że jest jego wujem. Mówi mu również, że Rybacki Król jest jego kuzynem i że Graal, kielich zawierający hostię, utrzymuje przy życiu ojca króla.

Kontynuacja przygód Gawaina

Po nieszczęściu z Greoreasem Gawain trafia do niebezpiecznego, zaklętego zamku. Uwalnia zamek od rzuconych na niego złych zaklęć, siadając na Cudownym Łożu, zyskując wdzięczność królowej. Nie chce ujawnić swojej tożsamości, dopóki nie minie siedem dni.

Gawain spotyka Guiromelanta, który mówi mu, że kobiety w zamku to matka króla Artura – Ygerne oraz własna matka i siostra Gawaina. Guiromelant przyznaje, że jest zakochany w siostrze, ale jej brat Gawain jest jego najgorszym wrogiem. Gawain następnie ujawnia swoją tożsamość i dwóch mężczyzn musi pojedynkować.

KONTYNUACJE

Rozdział 1

Król Artur udaje się do zamku Ygerne. Siostra Gawaina dopilnowuje, aby pojedynek został odwołany i wychodzi za mąż za swojego kochanka.

Rozdział 2

Percewal udaje się do zamku Belrepeire, staje się bogaty, znajduje Blanchefor i obiecuje, że w przyszłości ją poślubi. Następnie ponownie wyjeżdża, by udać się na wyprawę.

Rozdział 3 i 4

Percewal ratuje przed szaleństwem dwóch rycerzy, którzy padli ofiarą magicznej kolumny na górze. Po serii nieszczęść postanawia udać się na górę.

Rozdział 5

Percewal natrafia na dziecko siedzące na drzewie, które przepowiada mu, że coś mu się stanie na górze; rycerzowi udaje się jednak uciec przed złym zaklęciem. Córka Merlina opowiada mu historię magicznej kolumny. Percewal udaje się na spotkanie z Rybim Królem, który wyjaśnia mu wszystkie napotkane tajemnice.

Rozdział 6

Percewalowi udaje się zniszczyć Czarną Rękę, alegorię szatana, w tajemniczej kaplicy. Wyrusza w dalszą drogę, ale pada ofiarą pewnych diabolicznych sztuczek. Z pomocą przychodzi mu pewien lord.

Rozdział 7

Percewal dowiaduje się, że Belrepeire jest oblężone przez Aridesa z Escavalon. Wyrusza w obronie swojej pani i wychodzi z niej zwycięsko.

Rozdział 8

Percewal ratuje Gornemanta z Gohort, którego zamek jest atakowany przez czterdziestu rycerzy, którzy wracają do życia za każdym razem, gdy zostają zabici. Dzieje się tak z powodu złego zaklęcia rzuconego w celu wyeliminowania Gornemanta jako kary za zdubbingowanie Percewala, przyszłego króla Graala. Percewal poślubia Blancheflor.

Rozdział 9

Percewal spotyka się z Hektorem. Po pojedynku zostają uzdrowieni dzięki pojawieniu się graala. Percewal przybywa do zamku Pertinaxa, który zabija wszystkich rycerzy, którzy się zbliżają. Percewal odcina mu głowę i zabiera ją do Fisher Kinga, tym samym zdejmując zły czar, który został na nim nałożony. Fisher King dowiaduje się, że jest spokrewniony z młodzieńcem i czyni go swoim dziedzicem.

Rozdział 10

Na dworze króla Artura niebezpieczne miejsce przy Okrągłym Stole pozostaje wolne: jest to miejsce dla króla Graala. Perceval próbuje go i w ten sposób przywraca do życia sześciu rycerzy, którzy zginęli po próbie zasiadania na nim.

Rozdział 11 i 12

Perceval spotyka kilku mnichów, którzy opowiadają mu historię króla Mordraina. Później dowiaduje się, że Rybacki Król nie żyje, więc musi go zastąpić. Króluje przez siedem lat. Po śmierci Blancheflor przechodzi na emeryturę do klasztoru, by zostać kapłanem. Kiedy umiera, Graal i krwawa włócznia znikają.

STUDIUM POSTACI

PERCEWAL

Imię Percewala z Walii, bohatera pierwszej części powieści Chrétiena, poznajemy dopiero dość późno. Jest on rozpieszczonym synem owdowiałej damy i wydaje się, że wspomnienie jego imienia zbiega się z tym, że staje się on samodzielną jednostką. Na początku opowieści czytelnik niewiele wie o bohaterze i, co ciekawe, wydaje się, że on sam też nie zna siebie: "domyśla się" swojego nazwiska (s. 98), nie rozpoznaje swojego kuzyna i nie jest świadomy swojego pochodzenia. Nie jest opisany fizycznie, a jedynie przedstawiony jako przystojny i atrakcyjny. Wydaje się, że jest bardzo młody, bo określa się go mianem "chłopca", co w średniowieczu dotyczyło głównie dzieci. W związku z tym wydaje się, że może naprawdę zaistnieć dopiero wtedy, gdy podąży za swoim przeznaczeniem i zostanie rycerzem.

Rozpoczynając swoją inicjację w świat rycerzy, Percewal jest niezwykle naiwnym i niedojrzałym młodzieńcem: nawet jego niezwykła odwaga i ambicja zdają się być podporządkowane tej naiwności. Jest niezdolny do rozeznania, ponieważ stosuje się do wszystkich udzielanych mu rad, nie zastanawiając się nad konsekwencjami swoich działań. Co więcej, zdaje się nie zwracać uwagi na otoczenie ("Młodzieniec nie dbał o szczypiorek w niczym, co wiązało się z królem", s. 31) i sprawia wrażenie nieczułego. Nawet jeśli widzi, że jego matka upada, gdy odchodzi, nie wraca do niej i nie wydaje się być smutny, gdy dowiaduje się, że umarła. Jednak kiedy spotyka swojego kuzyna, wydaje się, że staje się świadomy swoich czynów w tym samym czasie, co jego imię. Od tego momentu postać rozwija się w mądrego rycerza, który szanuje innych. Chrétien przedstawia zatem Percewala jako głupiego młodzieńca, który dzięki dobremu wychowaniu staje się dworskim rycerzem.

GAWAIN

Gawain to szanowany rycerz o imponującym rodowodzie, który należy do tradycji opowieści arturiańskich. U Chrétiena jest on uosobieniem doskonałości: jest odważny, nigdy nie daje się pokonać, a jego działania motywowane są żywym poczuciem rycerskości. W konsekwencji ten przystojny rycerz jest archetypem postaci, którą naiwny Percewal chciałby być na początku powieści. Kiedy Percewal kontempluje krople krwi na śniegu, obaj mężczyźni rozpoznają się nawzajem. Percewal widzi w Gawainie swojego sobowtóra, swoją rycerską bratnią duszę i zgadza się pójść za nim. W ten sposób autor stawia tych dwóch mężczyzn ponad innymi rycerzami.

Jednak ich spotkanie wydaje się oznaczać punkt zwrotny w opowieści i odwrócenie ich ról: Percewal wyrusza na poszukiwanie Graala i stał się dzielnym rycerzem na dworze króla, gdy Gawain musi wyjechać, by przywrócić mu splamiony honor. Bratanek Artura, który do tej pory był nienaganny, traci część swojego męstwa. Wielokrotnie zaniedbuje swoje zadanie (np. gdy idzie do króla Escavalonu) i ujawnia się jego pycha: spieszy do zamku Ygerne, bo odradza mu to żeglarz. Zostaje upokorzony przez Greoreasa, kiedy to musi dopędzić konia wojennego, pozostawiając go w niegodnej dla rycerza pozycji. Jest też niegodny zaufania: obiecuje wierność i lojalność dwóm różnym kobietom w ciągu kilku dni.

Możemy się zastanawiać, czy ostatnia powieść Chrétiena oznacza upadek Gawaina. Nie można tego potwierdzić, gdyż tekst pozostał niedokończony, ale wiele elementów szargało jego status wzorowego rycerza, na rzecz Percewala.

ANALIZA

"POWIEŚĆ"

W języku francuskim *Percewal, czyli Opowieść o Graalu* określany jest jako *roman* ("powieść"). W średniowieczu termin ten odnosił się do tekstów napisanych w języku francuskim wywodzącym się z łaciny, która była postrzegana jako język uczony. W XII wieku definicja słowa ewoluowała, by oznaczać opowieść, czy to przetłumaczoną z łaciny, czy napisaną bezpośrednio po francusku, wierszem, a potem prozą. Stąd wywodzi się gatunek literacki, jakim jest powieść. W ten sposób powieść stopniowo zastąpiła *chanson de geste* (rodzaj poematu epickiego) i lirykę, dwa dominujące w tamtych czasach gatunki, na które miała wpływ. Autorzy zaczęli bardziej pracować nad strukturą swoich tekstów, przyjęli rozwlekłą narrację i zamierzali czytać swoje dzieła po cichu. Łączyli motywy przygody i miłości dworskiej, skupiali się na jednostce. Swoje tematy czerpali z trzech głównych źródeł: Materii Rzymu, Materii Francji i Materii Brytanii.

Chrétien de Troyes uważany jest za jednego z pierwszych powieściopisarzy. Inspirację czerpał z Materii Brytanii, zbioru celtyckich legend i tradycji, które wcześniej krążyły ustnie. Zawierał on w szczególności cykl arturiański, opowiadający o królu Arturze i rycerzach Okrągłego Stołu. Percewal, czyli opowieść o Graalu podejmuje tradycję arturiańską poprzez opowieść o przygodach słynnych rycerzy Percewala i Gawaina, ale wprowadza innowacyjny element w postaci motywu poszukiwania Graala, wzbogacając w ten sposób stary mit. Pisarstwo Chrétiena wyróżnia się również tym, że bohaterowie są bardziej zindywidualizowani, a niektórzy przedstawieni jako postacie heroiczne. Podczas gdy *chansons de geste* przedstawiały działania grupy, ten nowy gatunek skupiał się bardziej na centralnej postaci, w tym przypadku rycerzu, któremu narrator nadaje szczególne przeznaczenie. Dzięki takiemu podejściu Chrétien stworzył romans rycerski, gatunek opowiadający o indywidualnych wyczynach rycerzy, którzy dążą do zdobycia miłości damy i znajdują spełnienie poprzez misje.

POWIEŚĆ O DOJRZEWANIU

Powieść o dojrzewaniu, znana również jako *Bildungsroman*, to fikcyjna historia z niedoświadczonym i zazwyczaj młodym bohaterem. Określone wydarzenie sprawia, że wyrusza on w podróż ku dojrzałości: ma do czynienia z szeregiem sytuacji, które zmuszają go do rozwoju i pozwalają ukształtować własny pogląd na życie. To konstruowanie siebie odbywa się często poprzez naukę w określonej dziedzinie.

Percewal, czyli opowieść o Graalu to jedna z najsłynniejszych powieści o dojrzewaniu. Łączy w sobie wszystkie elementy gatunku: bohater zostaje wtajemniczony w rycerstwo i dzięki niemu buduje siebie jako jednostkę. Na początku opowieści Percewal jest wyjątkowo naiwnym i nieświadomym młodzieńcem: myli rycerzy z aniołami, a namiot z kościołem. Uderza jego brak wykształcenia: żył z dala od świata z nadopiekuńczą matką. Elementem, który wyrusza w podróż, jest spotkanie z rycerzami: od tej pory rozwija się w nim jednoosobowe pragnienie bycia dublerem. Opuszczenie matki pozwala mu przestać być głupim. Brak tożsamości bohatera na początku powieści jest odkrywczy: początkowo określają go peryfrazy w rodzaju "dziecko owdowiałej damy" (s. 5), a dopiero na s. 98 staje się Percewalem z Walii. W ten sposób Chrétien pokazuje, że bohater, który początkowo był mało znaczący i związany z matką, zasługuje na swoje imię dopiero po dokonaniu różnych wyczynów. Stając się Percewalem, bohater kończy ważny etap swojej nauki.

W powieści bohater buduje swoją tożsamość poprzez rycerstwo. Rad udzielają mu trzej kolejni mentorzy, którzy odkrywają przed nim tajemnice spełnienia: matka, szlachcic Gornemant z Gohort oraz pustelnik. Te trzy postacie oferują mu coraz bardziej wyrafinowane wykształcenie teoretyczne. Jego szkolenie dopełnia się w miarę postępowania z różnymi wydarzeniami: rozumie i nabywa wartości rycerskie, gdy bierze udział w bitwach i poznaje różnych ludzi. Autorka podkreśla rozwój Percewala poprzez uwypuklenie jego błędów i sposobu, w jaki je potem rekompensuje. Początkowo obraża śpiącą pannę, która nazywa go "młodym walijskim głupcem, błaznem, błaznem" (s. 25), ale gdy staje się dzielnym rycerzem, spotyka się z nią ponownie i ratuje ją z nieszczęścia, do którego ją doprowadził. Epizod z procesją graala przebiega według tego samego schematu: popełnia błąd, nie zadając pytania, co skutkuje nieszczęściami dla rycerzy, ale kontynuacje dają mu możliwość odkupienia się i uwolnienia Fisher Kinga od złego zaklęcia. Chrétien, naśladowany przez swoich następców, ilustruje trening swojego bohatera tą historią, która zatacza pełne koło, czyniąc z Percewala przystojnego i spełnionego rycerza.

Percewal stopniowo odkrywa ważne wartości, takie jak odwaga, rycerskość i miłość. Na początku opowieści jest niedoświadczony i niezdarnie zapoznaje się z kobietami poprzez śpiącą pannę, zanim osiągnie romantyczny ideał z Blancheflor. Jego wprowadzenie do miłości idzie więc w parze z rosnącą wiedzą na temat rycerstwa. Jego religijna podróż przebiega według tego samego schematu: początkowo matka każe mu modlić się do Boga, ale "każdą inną modlitwę, którą znał, matka nauczyła go recytować" (s. 8). Wiedzę religijną zdobywa dzięki spotkaniu z pustelnikiem. Dowiadujemy się, że do tego momentu zaniedbywał swoje obowiązki jako chrześcijanin, ale wuj sprowadza go na właściwą drogę, ucząc o korzyściach płynących z modlitwy i spowiedzi. Po śmierci Chrétiena, późniejsi pisarze poszli jeszcze dalej, każąc Percewalowi przenieść się po śmierci ukochanej do klasztoru. Stając się szanowanym rycerzem, Percewal jednocześnie z powodzeniem opanowuje miłość i religię.

RYCERSTWO

Rycerskość jest jednym z głównych tematów powieści Chrétiena. W tej historii, w której wszędzie są kobiety, rycerze są nieustannie rozdarci między przygodą a miłością. Konflikt między bohaterami jest motywowany głównie potrzebą pomocy damom w opałach: starają się oni zdobyć podziw damy w oparciu o zasady miłości dworskiej, czyli *fin'amor* w języku okcytańskim. *Fin'amor* odnosi się do skodyfikowanej, głębokiej i trwałej miłości między dwojgiem dobrych ludzi. Chrétien odtwarza w swojej książce zasady tej sztuki miłosnej poprzez związek Percewala i Blancheflor. Kochana dama jest szlachetna i ma wysoki status społeczny. Jej kochanek idealizuje ją: "Pan stworzył ją cudem, aby skradła męskie serca jako łup, i nigdy, od tamtego czasu ani później, nie obdarzył żadnej dziewczyny pięknością większą, aby była jej rywalką" (s. 53). Rycerz musi wykazać się oddaniem i dokonać wielkich wyczynów, aby być godnym serca ukochanej: Percewal walczy z wrogami Belrepeire i w zamian otrzymuje miłość Blancheflor. Musi też przysiąc jej wierność: wiemy, że Percewal opiera się wszystkim pokusom, które napotyka podczas swoich przygód. *Fin'amor* przedstawia więc idealną miłość, której sercem jest kobieta.

Pojęcie rycerstwa rozciąga się również na sferę społeczną. Określało ono wszelkie zasady zachowania się wśród szlachty w średniowieczu. Dobroć, odwaga, męstwo, poczucie honoru i hojność były cechami rycerskimi, które powinni rozwijać szlachcice. Jak widzieliśmy, Percewal stopniowo nabywa je w miarę dojrzewania. Gościnność i szacunek dla innych to również nieodłączne wartości w świecie rycerstwa.

Fakt, że rycerstwo jest stale obecne w całym *Percewalu, czyli opowieści o Graalu,* wskazuje, że należy on do gatunku romansu dworskiego, który rozwinął się w XI i XII wieku. Romans dworski, pisany początkowo w oktosylabach (wersach ośmiosylabowych) lub aleksandrynach (wersach dwunastosylabowych), a następnie prozą, opowiada bajeczne, a przede wszystkim rycerskie przygody rycerzy.

ZŁOŻONA STRUKTURA

Percewal, czyli opowieść o Graalu ma skomplikowaną strukturę i zawiera niespójności, które mogą wytrącić czytelnika z równowagi. Odniesienia przestrzenne i czasowe w powieści są nieskoordynowane: na przykład czas trwania wydarzeń nie może odpowiadać wskazanemu czasowi, Percewal kontempluje śnieg w czerwcu, a pięcioletnia przerwa w jego historii jest nagła i nie pasuje do progresji wydarzeń. Nie ma związku między miejscami, które odwiedzają bohaterowie: odnosimy wrażenie, że rycerze podróżują przypadkowo z jednego zamku do drugiego, a dwór króla Artura jest szczególnie nietrwały (z Carduel do Carlionu, przez Orkady). Ponadto niektóre epizody nie mają rozstrzygnięcia (nie znamy historii niezwykłego miecza ofiarowanego Percewalowi, a pojedynek Gawaina z Guinganbresilem zostaje odłożony na później), a poszukiwanie Graala, od którego książka wzięła swój tytuł, zostaje szybko odłożone na bok. Zestawienie opowieści o przygodach Percewala i Gawaina mogło nawet skłonić niektórych krytyków do myślenia, że kopista próbował połączyć dwa odrębne dzieła.

Jednak nadal możemy wyczuć jedność w powieści. Przejście do przygód Gawaina nie jest tak gwałtowne, jak mogłoby się wydawać, ponieważ związek między dwoma bohaterami zostaje ustanowiony, gdy bratanek Artura pyta o młodego rycerza ("W imię Boże, sire, kim jest ten rycerz…?", s. 112) i gdy przyprowadza Percewala z powrotem na dwór. W ten sposób Chrétien antycypuje przejście od jednego rycerza do drugiego. Krótki powrót do podróży Percewala ilustruje technikę przeplatania wątków, cechę opowieści arturiańskich.

Ponadto między przygodami Percewala i Gawaina istnieje wiele podobieństw: obu łączy krwawiąca włócznia, obaj spotykają damy, które zostały znieważone przez uderzenie itd. Ich podróże wydają się być lustrzanymi odbiciami lub odwrotnie symetryczne: Percewal walczy, by stać się wysoko postawionym i szanowanym rycerzem, podczas gdy Gawain, który już cieszy się sławą, walczy, by przywrócić swój splamiony honor. Percewal traci matkę na początku opowieści, natomiast Gawain odnajduje swoją na końcu. Opowiadanie o przygodach obu rycerzy wskazuje więc na chęć autora do umieszczenia ich losów równolegle do siebie i zachęcenia czytelnika do ich porównania.

DALSZA REFLEKSJA

KILKA PYTAŃ DO PRZEMYŚLENIA...

- Jakie miejsce w powieści zajmuje religia?

- Przygody Percewala i Gawaina wprowadzają element fantastyczny. W jaki sposób jest on ukazany?

- Kobiety są w tej opowieści wszędzie. Jak uosabiają zarówno słabość, jak i siłę?

- Bitwy Percewala pełnią funkcję symboliczną. Co to jest?

- Twoim zdaniem, jaki jest zamiar Chrétiena de Troyes w ustanowieniu paraleli między Percewalem a Gawainem?

- *Percewal, czyli opowieść o Graalu* to jeden z pierwszych romansów rycerskich. Jakie są cechy charakterystyczne tego gatunku? Jakie są oznaki, że jest on związany z gatunkami poezji dworskiej i *chanson de geste*?

- W jaki sposób Percewal, czyli opowieść o Graalu stał się wzorem w literaturze i sztuce? Przytocz przykłady, w których posłużyła ona za inspirację.

DALSZE CZYTANIE

WYDANIE REFERENCYJNE

De Troyes, C. (2011) *Perceval, or, The Story of the Grail*. Trans. Cline, R.H. Athens, Georgia: University of Georgia Press.

BADANIA REFERENCYJNE

Burgess, G.S. and Pratt, R. (2009) *The Arthur of the French: The Arthurian Legend in Medieval French and Occitan Literature (Arthurian Literature in the Middle Ages)*. Cardiff: University of Wales Press.

Gray, M. (1992*) A Dictionary of Literary Terms (York Handbooks)*. London: Longman.

Lacy, N.J. and Grimbert, J.T. eds. (2008) *A Companion to Chrétien de Troyes (Arthurian Studies)*. Woodbridge: D.S.Brewer.

McGuinness, P. (2017) *Poezja francuska: From Medieval to Modern Times (Everyman's Library Pocket Poets)*. London: Everyman's Library.

Schultz, J.A. (2006) *Courtly Love, the Love of Courtliness, and the History of Sexuality*. Chicago (Inf. wł.) University of Chicago Press.

ADAPTACJA

Perceval le Gallois. (1978) [Film]. Éric Rohmer. Dir. Francja: Les Films du Losange.

Rohmer decyduje się pozostać blisko oryginalnego tekstu, ale stosuje celowo nierealistyczną scenografię. Chóry służą do odtwarzania opisów pomiędzy poszczególnymi scenami akcji.

Chcemy usłyszeć od Ciebie, co się dzieje!
Zostaw komentarz na temat swojej internetowej biblioteki
i podziel się swoimi ulubionymi książkami w mediach społecznościowych!

www.50minutes.com

Master ISBN: 9782808695251
Papierowy ISBN: 9782808616652
Depozyt prawny: D/2023/12603/1945

Verhaal: © Primento

Projekt cyfrowy: Primento, cyfrowy partner wydawców.